NORDDEUTSCHE GARTENSCHAU
ARBORETUM ELLERHOOP

NORDDEUTSCHE GARTENSCHAU

ARBORETUM ELLERHOOP

Martin Staffler

Mit Fotografien von
Hans-Dieter Warda

Dem Blütenzauber der Indischen Lotosblume im
Arboretum-See kann man jedes Jahr aufs Neue erliegen.

EINFÜHRUNG

Man kann die Norddeutsche Gartenschau in 2 000 Jahren besuchen – oder gleich heute. Dass beide Termine reizvoll wären, hat Prof. Hans-Dieter Warda clever und mit viel Fleiß und Weitsicht eingerichtet. Ehrenamtlich leitet er den als Arboretum Ellerhoop bekannt gewordenen Park und sorgt mit seinen Ideen rund ums Jahr für abwechslungsreiche, intensive Eindrücke.

STETS NEU UND VIELFÄLTIG

Wer nur zwei oder drei Jahre lang nicht in Ellerhoop war, wird im Kleinen wie im Großen viel Neues entdecken. Das Gelände wurde 2015 beträchtlich erweitert, denn zusätzlich zum überwiegend gärtnerisch gestalteten Bestand wurden benachbarte Flächen dazu gepachtet. Auf diesem offenen Stück Land von 8,5 Hektar, dem Wiesenpark, kann man den Blick in die Ferne schweifen lassen und eine ökologisch anspruchsvolle Wiesenlandschaft mit heimischen Arten für trockenere und feuchtere Böden erleben – ein naturnahes Kontrastprogramm zum eher dichten optischen Angebot der bisherigen Gartenfläche. Die seltene, blaublühende Wiesen-Iris beispiels-

weise bekommt hier eine großzügige Teilfläche spendiert. Zugleich schließt sich damit der Kreis zur zentral gelegenen Narzissenwiese aus 600 000 weißen Dichter-Narzissen.

Am Rande eben dieser Narzissenwiese findet sich – auch ganz neu – ein unter zwei Birken im lichten Schatten liegender Bereich für Freilandorchideen. Hier hat sich Dank hohem Aufwand in kurzer Zeit eine üppige Pracht aus Frauenschuh-Orchideen entwickelt, die die Besucher begeistert.

Noch nicht lange ist es her, dass Hans-Dieter Warda mit einem weltweit einzigartigen Projekt Furore gemacht hat. Die unteren zehn Meter des legendären, „General Sherman Tree" genannten, Berg-Mammutbaums aus dem kalifornischen Sequoia-Nationalpark hat er 2013 nachbilden lassen – in Originalgröße detailgetreu in Modellierbeton über einem Stahlgerüst. Einen mit jetzt etwa 45 Jahren vergleichsweise jungen Mammutbaum pflanzte er in seine Mitte. In mehreren Hundert Jahren, jedenfalls aber in 2 000 Jahren, wird „General Sherman Junior" die Größe seines Vorbilds erreicht haben und die Schale sprengen. Spätestens dann würde sich der Besuch im Arboretum wieder lohnen. Damit man als Normalsterblicher nicht so lange warten muss, wurden direkt am Baum pädagogische Angebote installiert, die jedem Naturinteressierten schon heute den inneren Aufbau eines solchen Baumes spielerisch und optisch aufwendig nahebringen.

Hingegen wirken der „Garten des Südens" mit dem großen Wasserbecken samt Fontänen und der „Zauber der Toskana" in Zypressenoptik derart eingewachsen, als gäbe es sie schon seit Jahrzehnten. Tatsächlich zählen sie aber zu den neueren Themengärten im Park. Chinesischer Garten, Duft- und Tastgarten, Küchengarten, Küstengarten im Jahre 2100, Garten der Seele und Klippengarten sind weitere eindrucksvolle gärtnerische Highlights jüngeren Datums.

ETABLIERT UND DOCH EINDRUCKSVOLL

Damit sollen aber die eingewachsenen Gartenteile nicht in Vergessenheit geraten Kernstück des Parks ist der Münsterhof mit seinem vorgelagerten, buchsgesäumten Bauerngarten, der von Frühjahr bis Spätherbst zu recht jeden

Besucher anlockt. Gleich nebenan liegt das große Kamelienhaus, das die Blütensaison ins zeitige Frühjahr vorzieht. Und so können viele Besucher deren edle Blütenpracht kaum erwarten. Der Weiße Garten, eingerahmt von einer dunklen Eibenhecke, deutet auf die Gestaltung mit Farben hin. Blau, Rot, Purpur, Gelb und Grün – all diesen Farben widmet Hans-Dieter Warda, emeritierter Professor für Gehölzkunde und Bepflanzungsplanung an der Fachhochschule Osnabrück, eigene Bereiche. Hierbei werden die verschiedenen Möglichkeiten der Pflanzen- und Materialverwendung mannigfaltig ausgeschöpft. Diese reichen vom Einsatz von Sommerblumenrabatten bis hin zu farbigen Natursteinen und Kunstobjekten.

Ein besonderes, für dieses Gartenreich geradezu wahrzeichenartiges Kapitel in der Entwicklung des Parks stellt die Ansiedlung der Lotosblumen im Arboretum-See dar. Was vor Jahrzehnten nicht vorstellbar war, ist hier gelungen: eine vergnüglich sprießende Blatt- und Blütenlandschaft dieser exotisch anmutenden, in weiten Teilen der Welt bewunderten und sogar verehrten Wasserpflanzen mitten in

Blick zur Westseite des Münsterhofs in den 1970er-Jahren. Die freie Wiese wurde von der damaligen Baumschule Timm & Co. standortökologisch falsch zur Heidelandschaft umfunktioniert. Wegen der hohen Feuchtigkeit im Boden an dieser eher tiefliegenden Stelle war jedoch hoher Pflegebedarf nötig. Daher suchte Hans-Dieter Warda für den Heidegarten einen höher gelegenen, trockeneren Bereich östlich des Bauernhofs und ließ diesen Bereich umgestalten

Wie detailgetreu Prof. Hans-Dieter Warda (im Bild) das Abbild des Berg-Mammutbaums „General Sherman" gelungen ist, verdeutlicht diese Gegenüberstellung mit dem echten Baumstamm am Heimatstandort Kalifornien (links) und der Kopie im Arboretum Ellerhoop (rechts).

Schleswig-Holstein. Dieses Projekt setzte, wie alle anderen hier vorgestellten auch, detailliertes Fachwissen und Experimentierfreude aller Beteiligten voraus – in diesem Fall, bis der richtige Ökotyp für den norddeutschen Standort gefunden war.

ARBORETUM IN DER GESTALTUNG UND IM WANDEL

Ebenfalls bereits alteingesessen, aber von nicht nachlassendem Reiz, sind der „Blauregentunnel", eine Allee aus hochstämmig gezogenen Glyzinien, der „Romantische Rosengarten", in dem sich Rosen und andere Pflanzenarten zu einem harmonischen Ganzen vermischen, sowie klassisch und kreativ geschnittene Formgehölze, die für immergrüne Strukturen sorgen. In der Bewegung quasi eingefroren sind hier beispielsweise die Ostseewellen des berühmten Weststrands in Ahrenshoop – eine in Buchs geschnittene Erinnerung von Hans-Dieter Warda an sein Haus an der Ostsee.

Die Dendrologische Sammlung fügt sich allerorten mal mehr, mal weniger unaufdringlich in die Gestaltung ein. Herausragend sind die Strauch-Pfingstrosen aus China, teilweise

aus Amerika – vertreten sind alle bekannten Arten und 245 Sorten. Die asiatischen Sorten wurden größtenteils persönlich vor Ort in China ausgewählt und dann per Luftfracht versandt. Nicht immer kamen die gewünschten Sorten auch an, denn in China ticken die Uhren manchmal etwas anders. Aber in der Summe ergeben sich im Blütendetail und aus der Ferne spektakuläre An- und Einblicke. Bambus hat bekanntermaßen ebenfalls asiatische Wurzeln. Er wird seit 20 Jahren im Arboretum gesichtet, wofür viele Gattungen wie *Phyllostachys, Fargesia, Pseudosasa* und *Sasa* aufgepflanzt sind. Damit dies nicht nur für Experten interessant ist, führt ein Bambus-Dschungel-Pfad durch ein zwölf Meter hohes *Phyllostachys*-Wäldchen, ein Vergnügen und besonderes Erlebnis für Erwachsene und Kinder.

Wie zu den Gründungszeiten des Arboretums bleiben Gehölze – Bäume und Sträucher gleichermaßen – thematisch im Zentrum des Parks. Die Pflanzensammlungen werden laufend erweitert oder aber ersetzt. Letzteres Schicksal trifft etwa Zierapfel- und Zierkirschen-Sortimente, die nach über 50 Jahren Standzeit sichtbar an Überalterung und Bodenermüdung leiden. Neue Blütengehölze, wie etwa Magnolien und Hartriegel, finden an verschiedenen Orten im Park ihren Platz.

Ein spektakuläres Finale im Jahr der Norddeutschen Gartenschau bieten die Herbstfärbergehölze im Indian Summer: Tupelobäume, ausgewählte Ahorne, Amberbäume, Sauerbäume und andere Gattungen vermitteln zusammen mit Gräsern und Astern am Seeufer einen lebhaften Eindruck vom Indian Summer Nordamerikas.

SCHULBIOLOGISCHE ABTEILUNGEN

Umfangreich ist das Angebot für allgemeine und berufsbildende Schulen sowie für die gärtnerische und akademische Fachausbildung. Es reicht weit über die bisher vorgestellten Garten- und Naturthemen hinaus und bietet geologische und erdgeschichtliche Highlights: ein Steinkohlewäldchen aus dem Karbon, das naturgetreue Modell eines pflanzenfressenden Apatosauriers aus der Übergangszeit zwischen Trias und Jura oder etwa den im Wasser stehenden Wald aus Sumpfzypressen, der in der Entwicklungsgeschichte der Bäume für das Tertiär steht.

Abgerundet wird der Geologische Erlebnispfad vom Bernsteingarten, in dem man die Geschichte der 50 Millionen Jahre alten Bernsteinwälder kennenlernen und Fotos des verschollenen Bernsteinzimmers bewundern kann.

Alte Nutzpflanzen – Getreide, Obst und Gemüse – spannen den Bogen der pädagogischen Abteilung wieder hin zu den Gartenpflanzen.

Der Rot-Ahorn (*Acer rubrum* 'October Glory') gehört zu den späten und intensivsten Herbstfärbern. Er begeistert hier am See alljährlich Scharen von Fotografen. Der früher färbende Rot-Ahorn 'Red Sunset' (rechts im Bild) ist bereits entlaubt.

Der Bauerngarten am Münsterhof ist bei Malerinnen und Malern ein besonders beliebtes Motiv.

Der vorher beschriebene General Sherman Tree ist Mittelpunkt der Baum-Erlebniswelt. Gegenüber stehen frisch gepflanzte Exemplare der *Pinus longaeva*, der Baumart, die die ältesten Pflanzen der Welt stellt.

GESCHICHTLICHER RÜCKBLICK

Die Norddeutsche Gartenschau liegt im Kreis Pinneberg in der Bilsbek-Niederung und ist damit Teil der holsteinischen Knicklandschaft, einer typischen, norddeutschen Kulturlandschaft. Erstmals urkundlich erwähnt wurde der Ortsteil Thiensen, zu dem das Arboretum Ellerhoop gehört, im Jahr 1349.

Im Landkreis haben auch heutzutage noch zahllose namhafte Baumschulbetriebe ihren Sitz, die in Europa einen bedeutenden Einfluss haben. Und so ist es kein Wunder, dass eine Baumschule wesentlichen Anteil an der Entstehung dieses Gartens hatte. Die Geschichte dieser Garten- und Parkanlage reicht bis ins Jahr 1943 zurück. Damals hat die Baumschule Timm & Co. den historischen und das Gelände prägenden Münsterhof, ein wahrlich beeindruckendes norddeutsches Bauerngehöft aus dem Jahr 1664, angekauft.

Das eigentliche Arboretum, dem Namen nach also eine Baumsammlung, wurde 1956 von Erich Frahm, dem letzten Inhaber der Baumschule Timm & Co., gemeinsam mit dem Gehölzkundler Dr. h.c. Gerd Krüssmann auf einer Fläche von 2,5 Hektar ins Leben gerufen. Zu dieser Zeit lag der Schwerpunkt auf dem steten Ausbau des Gehölzsortiments. Nach der Insolvenz der Baumschule wurde der damalige Landrat W. Hebisch darauf aufmerksam, nahm sich des Arboretums an und erwarb es 1980 für den Landkreis. Bedingt durch die öffentliche Finanzierung wurde es nötig, neben der reinen Gehölzsammlung und -sichtung für Fachpublikum weitere Aspekte aufzunehmen. So erweiterte man die Möglichkeiten der Naherholung. Erste Planungen für die jetzt auf 14,5 Hektar erweiterte Fläche lieferten Dipl. Ing. H. Kasten und Dr. Prieß. Außerdem holte man sich fachliche Verstärkung: Mit Hans-Dieter Warda, dem damaligen Leiter des Botanischen Gartens der Universität Hamburg und anerkanntem Gehölzexperten, fand man den Richtigen für die neuen Aufgaben. Für den 10 Hektar großen öffentlichen Bereich entwickelte er ein neues Gesamtkonzept sowie die freiraum- und bepflanzungsplanerischen Konzepte. Er integrierte pädagogische Elemente für Schulen und für die Allgemeinbildung und griff ökologische Themen auf. Seit 1985 ist er ehrenamtlich wissenschaftlicher und künstlerischer Leiter. Seine mittlerweile verstorbene Ehefrau Swantje hat ihrerseits mit Fachwissen, künstlerischer Begabung und Organisationstalent zum Gelingen des großen Gartenprojekts beigetragen. Ihr widmete Hans-Dieter Warda den „Garten der Seele". Gemeinsam mit den angestellten Mitarbeitern und ehrenamtlichen Helfern gelingt es ihm, auch nach Jahrzehnten eine hervorragende Symbiose aus den vielfältigen Anforderungen an den einstigen Baumpark zu schaffen und die unterschiedlichsten Besucher damit zu begeistern. Nicht zuletzt liegt dies auch am unermüdlichen Erschaffen neuer Garten- und Erlebnisbereiche, die dafür Sorge tragen, dass ein Besuch immer wieder Überraschungen mit sich bringt. Um der großen Vielfalt der Gartenanlage gerecht zu werden, wurde sie 2009 in „Norddeutsche Gartenschau Arboretum Ellerhoop" umbenannt.

DER FÖRDERKREIS UND SEINE AUFGABEN

Um dauerhaft die vielfältigen Aktivitäten und zugleich eine hohe Qualität der Anlage gewährleisten zu können, wurde 1989 der Förderkreis Arboretum Baumpark Ellerhoop-Thiensen e. V. gegründet. Zunehmend wurde dies etwas sperrig klingende Konstrukt unter dem griffigeren Namen „Arboretum Ellerhoop" nicht nur in Fachkreisen, sondern auch einem breiteren Publikum geläufig. Der Eintritt war viele Jahre lang gegen eine freiwillige Spende möglich. Zu Beginn der 90er-Jahre drohte die Schließung, da der Kreis Pinneberg Kosten senken musste. Um dies zu verhindern, über-

nahm der Förderkreis die Betriebsträgerschaft für das Arboretum. Seither erhält der Förderkreis zwar einen jährlichen Zuschuss vom Kreis Pinneberg, muss aber für den wesentlichen Teil der Einnahmen selbst sorgen. Dieser setzt sich nunmehr aus Besucherspenden und Mitgliedsbeiträgen zusammen. Eine große Unterstützung erhält die Norddeutsche Gartenschau außerdem von der Otto Henneberg-Poppenbüttel Stiftung. Diese fördert die dendrologischen Forschungs- und Demonstrationsvorhaben sowie die schulbiologischen Projekte, bei denen es um die Vermittlung von baumkundlichem Wissen geht.

Um die Attraktivität zu erhöhen, finden zunehmend größere Veranstaltungen statt: Das Narzissenfest, das Wiesenfest, das Lotosblütenfest und das Herbstfest mit Illumination sorgen für Abwechslung und mediale Aufmerksamkeit.

Die überregionale Bedeutung der Norddeutschen Gartenschau findet unter anderem in der Verleihung des 2001 an Hans-Dieter Warda verliehenen Horst-Koehler-Gedächtnispreises sowie des 2003 verliehenen Bundesverdienstkreuzes am Bande Ausdruck. Darüber hinaus erhielt er 2011 die Osnabrücker Ehrenmedaille für sein Wirken im Arboretum Ellerhoop.

„Ellerhoop-Thiensen ist heute ein Ort,
an dem Schulkinder einen
lebendigen Naturkundeunterricht erleben können,
an dem Fachleute sich informieren,
wo alte und junge Menschen sich weiterbilden
oder sich erholen können,
wo jeder Besucher ein Fleckchen findet,
das ihm besonders gefällt."

Loki Schmidt,
langjährige Förderin des Arboretums Ellerhoop-Thiensen.
Aus der Laudatio der Verleihung des Horst-Koehler-Gedächtnispreises
an Prof. Hans-Dieter Warda.

**Wiesenpark
8 ha**

Garten des
Südens

Purpurne
Impressionen

Romantischer
Rosengarten

Kinderspiel
Arborelli - Der Baum
mit dem Gesicht

Arboretum-
See

Strauch-
Pfingstrosen

Indian
Summer

Blauer
Weg

Baum-
Erlebniswelt

Lotos-
blumen

Duft- und
Tastgarten,
blindengerecht

Küchengarten

8
9
10
11
12
13
14
15
16
17
18
19
20
21
22
23
24
25
26
27
28
29
30
31
32
33
34
35
36
37

NORD

0   m   50

Veranstaltungshalle

Durchgang
Wiesenpark

6
5
4
2
7
Rote
Rabatte
3
46
48
1
Eingang
Dichter-
Narzissen-
Wiese
47
WC
WC
Chinesischer
Garten
Bauern-
garten
45
39
Hortensien
43
44
38
40
41
Weißer
Garten
42

1 Sonnenterrasse
2 Rhododendren
3 Nadelgehölze
4 Mammutbaum
5 Roter Garten
6 Clematisweg
7 Romantische Farben
8 Pavillon
9 Formgehölze
10 Garten am Meer
11 Magnolienwiese
12 Zauber der Toskana
13 Rätselkabinett
14 Purpurbrunnen und Purpurduftkreise
15 Blutbuchen-Laube
16 Café am See & Veranstaltungsforum
17 Sonnenweg: Gelber Garten und Sonnenuhr
18 Harznutzung
19 Geologischer Erlebnispfad
20 Entwicklungsgeschichte der Bäume; Saurier
21 Küstengarten im Jahre 2100 und Wasserwald
22 Bäume im Klimawandel
23 Versteinerte Bäume
24 Faszination Bernstein
25 „General Sherman Tree"
26 Moorbiotop

27 Bambushütte (Unterstand)
28 Bambus-Dschungel
29 NDR-Fernsehgarten
30 Blaue Seerosen und Fleischfressende Pflanzen
31 Blick in den Wasserwald des Mississippi
32 Gartenhaus (Unterstand)
33 Blauregen-Allee
34 Insektenhotel
35 Strauch-Pfingstrosen
36 Summstein
37 Garten der Seele
38 Zier-Äpfel
39 Orchideen-Schauanlage
40 Bienen-Stand und Bienen-Schaukasten
41 Sitzplatz Blauer Riesenbambus
42 Drudenfuß & Mispelahorn
43 Süntel-Buchen
44 Blauer Bogen
45 350-jährige Stieleiche
46 Kamelienhaus
47 Café im Münsterhof
48 Gärtnerei am Arboretum

AM MÜNSTERHOF

Unbestreitbar ist das alte Bauernhaus im typisch niederdeutschen Stil, erbaut im Jahr 1664, Keimzelle und lebendiger Mittelpunkt der Gartenanlage. In der großen Diele befindet sich das Dielen-Café. Sie wird zudem als Vortrags-, Veranstaltungs- und Konzertraum genutzt.

Vom Parkeingang kommend hüllen ein Blumenbeet, eine malerisch gewachsene Birke und eine Kiefer das reetgedeckte Backsteingebäude ein. Der Blick über den Bauerngarten auf die südliche Stirnseite ist postkartenreif – und zeigt sich vom Frühjahr bis in den Spätherbst in wechselnden Outfits. Eine majestätische, über 350 Jahre alte Stiel-Eiche überragt das Bauernhaus noch deutlich.

Die üppigen und farbenfrohen Beete des Bauerngartens sind mit Nutz- und Zierpflanzen bestückt und formal von Buchs eingefasst – gerade so, wie man sich einen klassischen Bauerngarten vorstellt.

Vom Bauerngarten in Richtung Eingang der Norddeutschen Gartenschau gehend, erreicht man ein großes Gewächshaus. Es ist ein Cabrio-Schauhaus, dessen Dach und Seitenwände geöffnet werden können. Die Blüte in diesem Kamelienhaus sorgt schon ab Weihnachten für einen der ersten Höhepunkte des Gartenjahres. Es finden sich hier etwa 40 Sorten mit ihren zauberhaften Blüten in Weiß-, Rosa- und Rottönen.

Vorherige Seite: Zuverlässige Herbstfärber sind Rot-Ahorne (*Acer rubrum* in Sorten), Tupelobäume (*Nyssa sylvatica*), Sauerbäume (*Oxydendrum*) und Amberbäume (*Liquidambar styraciflua* in Sorten). Mit ihnen kreiert die Norddeutsche Gartenschau ihren begeisternden Indian Summer. Mit dem Herbstfest samt Illumination wird dieser feurige Herbst besonders gefeiert.

Stockrosen (*Alcea rosea*) als typische Bauerngartenpflanzen geben dem alten norddeutschen Gehöft den passenden Rahmen. Der Münsterhof wird überdies von altehrwürdigen Bäumen wie Eichen, Birken und Kiefern eingerahmt.

Im Frühling verwandeln Stiefmütterchen (*Viola × wittrockiana*) und Kaiserkronen (*Fritillaria imperialis*) den Bauerngarten in ein buntes Blütenparadies. Die ordnende Struktur bieten Buchseinfassung und Kegel aus Eibe.

In sommerlich kräftigen Farben präsentiert sich der Bauerngarten im Juli. Hohe Flammenblume (*Phlox paniculata* 'Kirchenfürst'), Stockrosen und Königskerzen (*Verbascum olympicum*) sind hier die Protagonisten.

Die ganze Farbvielfalt eines Bauerngartens zeigt sich im Sommer. Farbkontraste, die andernorts als unpassend gelten würden, sind hier das gewünschte Ziel Wahrhaftig eine Pracht!

Die Stimmung im frisch eingeschneiten Bauerngarten lässt sich nur an wenigen
Tagen so einfangen. Besonders schön wirken dann die formalen Strukturen von Buchs
und Eibe. Darüber erhebt sich majestätisch die über 350-jährige Stiel-Eiche.

Eine besonders schöne Kamelie im Cabrio-Schauhaus ist *Camelia japonica* 'Nuccio's Pearl' mit ihren porzellanartigen Blüten.

Vom Eingang kommend liegt angeschmiegt an die Gold-Birke (*Betula ermanii* Typ Holland) zur Linken der Münsterhof mit einem vorgelagerten Beet. Stauden wie Wiesenraute (*Thalictrum delavayi*) und Sonnenhut (*Rudbeckia nitida* 'Herbstsonne'), Dahlien, Stockrosen und Sommerblumen, wie Schmuckkörbchen (*Cosmos*) und einjähriger Salbei, bilden ein farbenfrohes, aber harmonisches Ganzes.

BLÜTENPOWER AM WEGESRAND

Die spannungsreiche Höhenstaffelung und Kombination einjähriger Arten mit ausgepflanzten Kübelpflanzen, mit Stauden, Gräsern, Zwiebelblumen und Sträuchern entlang der Wege ist die Garantie für einen erlebnisreichen Gartenrundgang durchs Arboretum Ellerhoop.

Mit Sommerblumen lassen sich eindrucksvolle Effekte erzielen – der Aufwand ist andererseits beträchtlich. Alljährlich müssen sie neu gepflanzt, teilweise sogar übers Jahr ergänzt und erneuert werden. Zudem sind Düngung und Bewässerung aufwendig. Dipl. Ing. Matina Buttjes plant diese Beete seit 2011. Wer die üppigen und harmonischen Beete entlang der Hauptwege einmal gesehen hat, wird sicher begeistert sein ob ihrer fantastischen Wirkung. In der Philosophie der Norddeutschen Gartenschau ist ein Verzicht auf diese Pflanzen undenkbar. Männertreu (*Lobelia*), Leberbalsam (*Ageratum*), Schmuckkörbchen (*Cosmos*) und Löwenmäulchen (*Antirrhinum*) sind nur einige der wohlklingenden Namen der vergänglichen Gartenschätze. Hinzu gesellen sich je nach Jahreszeit Horn-Veilchen (*Viola cornuta*), Salbei (etwa *Salvia viridis*), Spinnenblume (*Cleome*), Zinnie (*Zinnia*),

Lampenputzergras (*Pennisetum*), Zier-Tabak (*Nicotiana*), Buschmalve (*Lavatera*), Verbenen (*Verbena*) und Strauchmargerite (*Argyranthemum*).

Zur Wechselbepflanzung bilden die Mehrjährigen das passende Gerüst. Es treten beispielsweise Clematis und Stauden-Pfingstrosen eindrucksvoll in Erscheinung. Gräser und Herbststauden lassen das Jahr in den gemischten Beeten ausklingen.

Üppigkeit herrscht in den Beeten entlang der Wege. Dahlien 'Glorie van Noordwijk' und 'Ster van Woensel', Zinnie (*Zinnia angustifolia* 'Profusion Orange') und Studentenblume (*Tagetes erecta* 'Kees Orange') in Orange stehen hier Hoher Verbene (*Verbena bonariensis*), Vanilleblume (*Heliotropium* 'Marine') und Mehl-Salbei (*Salvia farinacea* 'Fairy Queen') in Blau-Violett gegenüber. Abgemildert wird der starke Kontrast durch weißen Zier-Tabak (*Nicotiana sylvestris* und *N. langsdorfii*) und Afrikanisches Lampenputzergras (*Pennisetum setaceum* 'Pegasus').

Verschiedene Farbthemen lassen sich auf dem Rundweg bewundern. Auf diesem Wegstück begleiten den Besucher romantische Farbtöne. Diese setzen sich aus den hohen Enziansträuchern (*Lycianthes rantonnetii*, Syn. *Solanum*) mit Buschmalven (*Lavatera olbia* 'Barnsley' und *L. thuringiaca*), Schopf-Salbei (*Salvia viridis*), Wiesenraute (*Thalictrum delavayi*), Hakenlilie (*Crinum × powellii*), Geißraute (*Galega × hartlandii*) und Sommeraster (*Callistephus*) zusammen.

Buschmalve, Rittersporn, Wiesenraute und Hohe Verbene verweben sich zu einem wunderbaren Beet in Pastell.

So kann man die Seele baumeln lassen: umhüllt von den Blüten der gefüllten Japanischen Nelken-Kirsche (*Prunus serrulata* 'Kanzan') und umgeben von einem Meer aus blauen Horn-Veilchen (*Viola cornuta*), aus dem Tulpen (*Tulipa* 'Burgundy', 'Mistress' und 'Maytime') herausragen. Die gelblich grüne Persische Kaiserkrone (*Fritillaria persica* 'Alba') wird hier gut einen Meter hoch und taucht versetzt gepflanzt mehrfach auf.

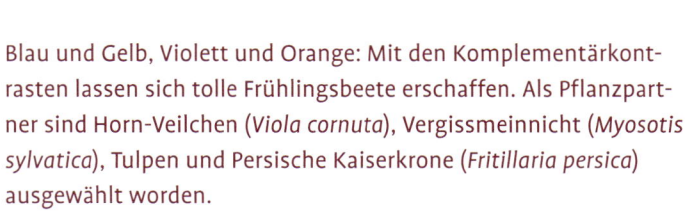

Blau und Gelb, Violett und Orange: Mit den Komplementärkontrasten lassen sich tolle Frühlingsbeete erschaffen. Als Pflanzpartner sind Horn-Veilchen (*Viola cornuta*), Vergissmeinnicht (*Myosotis sylvatica*), Tulpen und Persische Kaiserkrone (*Fritillaria persica*) ausgewählt worden.

Nur wer einen kleinen Abstecher macht, kommt in den Genuss des Clematis-
Wegs – ein Umweg, der sich lohnt. Er führt sehr romantisch unter Waldreben wie
der *Clematis* 'Perle d'Azur' hindurch und an Wolken von Chinesischer Wiesenraute
(*Thalictrum delavayi*) entlang. Die besonders hohen Exemplare benötigen zum
sicheren Stand eine Stütze.

Der Garten der Purpurnen Impressionen erhält sein unvergleichliches Gesicht durch die vertikalen Glasplatten. Sie sind ein Geschenk von Viktoria Freifrau von dem Bussche (Gartenfestival Schloss Ippenburg). Die Bepflanzung ist farblich darauf abgestimmt mit Zier-Tabak (*Nicotiana alata* 'Violett'), Strauchmargeriten (*Argyranthemum frutescens*), Mexikanischer Duftnessel (*Agastache mexicana* 'Liquorice Blue'), Afrikanischem Lampenputzergras (*Pennisetum setaceum*), Fuchs-schwanz (*Amaranthus*-Hybride 'Early Splendor'), Schwarznessel (*Perilla frutescens* 'Nankinensis'), Hoher Verbene (*Verbena bonariensis*) sowie im Hintergrund mit Berberitze (*Berberis thunbergii* 'Atropurpurea') und Dunkelroter Blasenspiere (*Physocarpus opulifolius* 'Diabolo'). Als gelbgrün leuchtender Kontrast dient die Muschelblume (*Moluccella laevis*). Umrahmt und gegliedert wird der Garten von purpurblättrigen Heckengehölzen und Solitärs wie der Blut-Buche (*Fagus sylvatica* 'Ansorgei', 'Rohanii' und 'Rohan Obelisk') und der Purpurblättrigen Gleditschie (*Gleditsia triacanthos* 'Ruby Lace').

Zauberhaft schlängelt sich der Sonnenweg zwischen Narzissen-wiese und Arboretum-See durch den Garten. Zinnien (*Zinnia elegans*), weiße Schmuckkörbchen (*Cosmos bipinnatus*), Saat-Wucherblume (*Chrysanthemum*-Segetum-Hybriden), Ringelblume (*Calendula officinalis*) und niedere Sonnenblumen (*Helianthus annuus*) bilden das Ensemble aus Gelb, Orange und Weiß. Als Hin-gucker dient die Säule mit Globus und integrierter Sonnenuhr.

Ein Weidenkorb als Sitzplatz steht inmitten des Ton in Ton gehaltenen Beetes mit Purpursonnenhut (*Echinacea purpurea* 'Magnus') und Kerzen-Kröterich (*Bistorta amplexicaulis* 'Roseum'). Im Hintergrund ragen Purpurdoste (*Eupatorium fistulosum* 'Atropurpureum') hoch auf.

Nach der überwältigenden Blüte der Strauch-Pfingstrosen erblühen die bei den Besuchern beliebten Stauden- oder Edel-Pfingstrosen (*Paeonia*-Lactiflora-Hybriden) zusammen mit Katzenminze 'Walkers Low'. Edel-Pfingstrosen können Jahrzehnte an einem Platz stehen und dabei immer schöner werden.

Wie unterschiedlich können Salbei-Arten aussehen? Der rosafarbene Schopf-Salbei (*Salvia viridis* 'Pink') hat eine vollkommen andere Wirkung als der Mehl-Salbei (*S. farinacea* 'Farina Blue') in Violettblau. Gemeinsam mit Leberbalsam (*Ageratum houstinianum* 'Blue Horizon') und Bleiwurz (*Plumbago auriculata*) ergibt sich eine romantische Pastellkombination.

Dass Rosen heutzutage nicht mehr nur allein, sondern in guter Gesellschaft gepflanzt werden, zeigt dieses Beet. Darin ergänzen sich Kleinstrauchrose 'Angela' und Sommerblumen wie Leberbalsam, Mehl-Salbei und Löwenmäulchen (*Antirrhinum*). Gräser wie das einjährige Afrikanische Lampenputzergras (*Pennisetum setaceum*) bringen Schwung in die Pflanzung. Den Hintergrund bilden weitere rosafarbene Strauchrosen, Blauer Herbst-Eisenhut (*Aconitum carmichaelii* 'Arendsii') und Chinaschilf (*Miscanthus*).

Nächste Seite: Den Herbst genießt man in vollen Zügen oberhalb des Arboretum-Sees. Chinaschilf (*Miscanthus sinensis* 'Kleine Fontäne') und Nachtkerzen (*Oenothera biennis*) leuchten um die Wette. Astern (*Symphiotrichum novi-belgii*, Syn. *Aster*) und Hohe Fetthenne (*Sedum*-Telephium-Hybride 'Herbstfreude') sind zuverlässige Klassiker unter den Herbststauden. Die grafisch interessanten, braunen Fruchtstände der Kardendistel (*Dipsacus fullonum*) bieten Distelfinken und Meisen bis in den Winter hinein Nahrung. Hier wird der Wildnis mit natürlicher Ausbreitung etwas Raum gegeben.

DER ARBORETUM-SEE

Manch ein Besucher reibt sich verwundert die Augen, wenn er die blühenden Lotosblumen (*Nelumbo nucifera*) das erste Mal erblickt. In der Tat ist es kein Kinderspiel gewesen, diese im norddeutschen Klima anzusiedeln. Nach anfänglichen Bemühungen mit separaten und beheizten Becken gelang der Durchbruch schließlich mit einem besonderen Ökotyp der Lotosblumen. Damit lassen sich diese ungemein faszinierenden Wasserpflanzen problemlos aus der Nähe bewundern. Ganz urtümlich wirken die Sumpfzypressen (*Taxodium ascendens* und *T. distichum*), die mit ihren Stämmen ganzjährig im Wasser stehen. Mit ihrer leuchtenden Herbstfärbung beeindrucken sie im Zusammenspiel mit weiteren Herbstfärbern wie Rot-Ahornen (*Acer rubrum* in Sorten), Amberbäumen (*Liquidambar*) und Tupelobäumen (*Nyssa*) entlang des Ufers. Blau blühende Seerosen, fleischfressende Pflanzen und ein im Wasser liegender, 12 Mio. Jahre alter Sumpfzypressenstamm aus einem Braunkohleabbaugebiet sind weitere Sehenswürdigkeiten am See. Genießen und überblicken lässt sich der Arboretum-See von Holzstegen und einer Brücke, die den See im Südosten von einem kleinen Moorbereich abtrennt.

Loki Schmidt, die eine große Unterstützerin und häufige Besucherin im Arboretum Ellerhoop war, hat sich auf ihre Weise verewigt: Von botanischen Reisen kommend, aber auch aus ihrem eigenen Garten hat sie stets Pflanzen mitgebracht, beispielsweise Krebsscheren (*Stratiotes aloides*), die sie in einem Eimer transportierte und kurzerhand im Arboretum-See in eine neue Zukunft entließ.

Ein breites Band rosa Blüten, die sich hoch über die eindrucksvollen rundlichen Blätter erheben – so stellt sich die fantastische Indische Lotosblume (*Nelumbo nucifera*) im Arboretum-See dar. Die mehrere Tausend Quadratmeter großen Lotosflächen mit den atemberaubenden Blüten sind der absolute Höhepunkt des Gartensommers. Viele Besucher kommen allein dieses Anblicks wegen ins Arboretum Ellerhoop.

Der Faszination der Lotosblüte erliegen nicht nur diese Schwebfliege, sondern alle Gartenbesucher. Kenner wissen, dass das Verbreitungsgebiet der Art weit über die tropischen Gefilde hinausgeht und auch vor winterkalten Regionen nicht Halt macht.

Im See, in unmittelbarer Nähe des Holzstegs, finden sich im Sommer die blauen, tagblühenden tropischen Seerosen (*Nymphaea*-Hybriden). Botanisch fälschlich werden sie gelegentlich als „Blauer Lotus" bezeichnet.

Im Vergehen nimmt die Lotosblüte grafisch wundervolle Formen an.

„Der Lotos brennt!" So empfindet Hans-Dieter Warda das Spektakel, wenn die Lotosblumen im Herbst die Köpfe hängen lassen und rundliche Hauben bilden. In der bei leichtem Wind gekräuselten Wasseroberfläche überrascht der See mit der feurigen Spiegelung der herbstfärbenden Rot-Ahorne an seinem Ufer.

Die Illumination beim alljährlichen Herbstfest setzt hier die herbstfärbenden Ahorne toll in Szene. Dabei bedarf es keiner farbigen Strahler, denn das bunte Herbstlaub ist intensiv genug.

Am Nordufer des Arboretum-Sees steht eine Gruppe Tupelobäume (*Nyssa*). Feurig orangerot färben zwei *Nyssa sylvatica*, denen etwa zehn Tage später links dazwischen der sehr seltene Sumpf-Tupelobaum (*N. biflora*) in Orangerot und daneben der buttergelb färbende *N. aquatica* folgen werden.

Die Sumpfzypressen (*Taxodium ascendens* und *T. distichum*) zählen zu den Nadelbäumen, die im Herbst ihre Nadeln verlieren. Dies geht mit einer prächtigen orange-rostroten Herbstfärbung einher, die durch ihren Standort im Wasser und die Spiegelung der Rot-Ahorne optisch noch verstärkt wird.

Morgendliche Nebelschwaden hüllen den See mit seinen Herbst-färbern in mystisches Licht. Auf der vorgelagerten Insel in der Bildmitte färbt der Rot-Ahorn 'October Glory' aufgrund des nassen „Stressstandorts" ungewöhnlich früh und daher nahezu zeit-gleich zu den Tupelobäumen: *Nyssa biflora* in Gelborange, zwei *N. sylvatica* in Rotorange und links davon eine kleine Gruppe *N. aquatica* in Gelb.

Der Urweltmammutbaum (*Metasequoia glyptostroboides*) kann nach einer Phase der Anpassung im permanent überfluteten Bereich leben. Das ist ein hochinteressantes Ergebnis im Forschungsprojekt „Gehölze der Wasserwälder" und zur Nachahmung empfohlen. Der abgebildete Baum wurde vor 20 Jahren in einer Größe von ca. 1,50 Metern in den Arboretum-See gepflanzt. Heute hat der Baum eine Höhe von rund 11 Metern.

Der Abschnitt „Blick in den Wasserwald des Mississippi" lässt die Überflutungs-
bereiche der nordamerikanischen Heimat aufleben. Die äußerst seltenen Wasser-
Tupelobäume (*Nyssa aquatica*) können im Gegensatz zu den anderen *Nyssa*-Arten
(*N. sylvatica* und *N. biflora*) mit ihrem Wurzelkörper ganzjährig unter Wasser stehen.
Die Gehölze dieser Wasserwälder sind ein hochinteressantes und bedeutendes
Forschungsprojekt der Norddeutschen Gartenschau, das von der Otto Henneberg-
Poppenbüttel Stiftung finanziert wird.

DENDROLOGISCHE SAMMLUNGEN

Die Norddeutsche Gartenschau gründet auf einer Baumsammlung, einem Arboretum. Kein Wunder also, dass bis heute Bäume und Sträucher verschiedenen Alters das Gartengelände prägen. Großbäume wie die Stiel-Eiche am Bauernhaus oder Birken, Ahorne, Zedern, Buchen und Kiefern strukturieren die Silhouetten. Andere dienen heute noch der Gehölzsichtung und Gegenüberstellung einzelner Gattungen und Arten für ihre Eignung in der Landschaftsarchitektur. Hortensien, Zierkirschen, Zieräpfel, Blumen-Hartriegel, Strauch-Pfingstrosen und Magnolien seien stellvertretend für viele weitere genannt. Hinzu kommen eindrucksvolle Solitäre, wie die bizarren Süntel-Buchen und die mächtige Japanische Zelkove (*Zelkova serrata*). Reizvoll und vielfältig sind die Bepflanzungen unter den Gehölzen gestaltet: Es gibt beispielsweise bepflanzte Baumscheiben und Wechselflorbeete. Andernorts finden sich kreativ und formal geschnittene Buchse und Eiben – wohltuende Ruhepole zwischen überbordenden Sommerbeeten. Das große Bambus-Sortiment mit einem 12 Meter hohen *Phyllostachys*-Wäldchen ist ein weiteres Highlight.

Darüber hinaus widmet Hans-Dieter Warda den heimischen Bäumen und Sträuchern eine eigene Abteilung. In ihr werden der Öffentlichkeit seltene und vom Aussterben bedrohte Arten, wie die Strauch-Birke (*Betula humilis*), der Holz- oder Wild-Apfel (*Malus sylvestris*) und die Wild-Birne (*Pyrus pyraster*) gezeigt.

Schon jahrzehntelang macht die Blauregen-Allee des Arboretums Ellerhoop von sich reden. Als Hochstämme gezogen sieht man Blauregen (*Wisteria floribunda* 'Blue Dream') eher selten. Wenn Zierlauch (*Allium* 'Purple Sensation') dazu gepflanzt wird, ergibt sich eine unglaublich wirkungsvolle Kombination. Ausblicke zwischen den Hochstämmen geben den Blick zum „General Sherman" auf der anderen Seeseite frei.

Fabelhafte Strauch-Pfingstrosen in immenser Vielfalt versammelt die Norddeutsche Gartenschau – eine große Leidenschaft von Hans-Dieter Warda. Alle Wildarten und viele Sorten wie diese noch nicht benannte *Paeonia*-Rockii-Hybride aus China wurden hier zusammengetragen und erfreuen Pflanzensammler und Gartenliebhaber mit ihren pompösen Blüten. Es ist eine der größten Strauch-Pfingstrosen-Sammlungen Deutschlands.

Wer mag, setzt sich mitten hinein in die Pracht und lässt sich von den weißen Blüten der Wildart von *Paeonia rockii* umhüllen. Nach den *Rockii*-Paeonien beginnt die fantastische Blüte der überwiegend gelben *Lutea*- und der neuen Intersektionellen Hybriden.

Es ist die besonders schöne Strauch-Pfingstrose 'Susanne', rosa mit dunklen Basalflecken, die der Gartenleiter seiner Tochter gewidmet hat.

Die berühmteste Kreuzung zwischen einer Stauden- und einer Strauch-Pfingstrose ist die ungemein blühwillige primelgelbe *Paeonia* 'Bartzella'. Diese Hybriden werden als Intersektionelle Hybriden allmählich einem größer werden Publikum bekannt. In der Norddeutschen Gartenschau wird 'Bartzella' mit Katzenminze (*Nepeta × faassenii* 'Walkers Low') und Hundszunge (*Cynoglossum nervosum*) benachbart.

Blumen-Hartriegel (*Cornus kousa* in vielen Sorten) spielen in der Norddeutschen Gartenschau eine Hauptrolle. Die Sorte 'Satomi' besticht durch ein herrliches Rosa bei langer Blütezeit von bis zu acht Wochen. Der schwachsaure Oberboden bekommt den Blumen-Hartriegeln sehr gut.

Ein wundervoller Baum ist die Seidenakazie (*Albizia julibrissin*). Ihr lockerer Wuchs und die doppelt gefiederten, eleganten Blätter werden von überaus filigranen, rosafarbenen Blüten gekrönt. Ältere Exemplare sind gut winterhart, jüngere schützt man besser vor Frösten.

Nächste Seite: Beliebtes Motiv für Fotografen ist dieser Zierapfel (*Malus sieboldii*), ein Sämling, der sich prächtig entwickelt hat und sogar einen Blütentunnel über den Weg bildet. Als Farbtupfer passen Rhododendron und Azaleen ideal dazu.

Die Süntel-Buche (*Fagus sylvatica* var. *suentelensis*) zeichnet sich durch ihre schirmförmige Krone und den bizarr schlangenartig gewundenen Wuchs der Äste aus. Sie eignet sich als Lauben- und Kletterbaum.

Noch relativ neu im Zierstrauchsortiment der Norddeutschen Gartenschau sind
Magnolien. „Man braucht in einem Garten üppige Blüten", so Hans-Dieter Warda,
als er sich auf der Suche nach Ersatz für die überalternden Zieräpfel und Zier-
kirschen für Magnolien entschieden hatte. Im Bild sind die Magnolien-Hybride
'Galaxy', die der Schwesternsorte 'Spectrum' äußerst ähnlich ist, und die weiße
Magnolia stellata 'Royal Star' (hinten) zu sehen.

Einmalig ist das wellenförmige Schnittmuster aus Buchs. In Anlehnung an die kräftigen Ostseewellen des Weststrands bei Ahrenshoop auf der Halbinsel Darß – ein Lieblingsort der Malerin Swantje Warda – wurden sie aus 700 einzelnen Buchspflanzen zusammengesetzt und detailliert in Form geschnitten.

Eibenwürfel, Buchskugeln und darüber thronende, kastenförmig gezogene Ilex-Hochstämme bilden in der Abteilung für Formgehölze eine Allee, denen die rote Wechselbepflanzung mit Gräsern entgegengesetzt wird. Die rote Bepflanzung ist bewusst als Komplementärkontrast zu den grünen Formschnittelementen gewählt worden. Als Gräser kommen das einjährige *Pennisetum setaceum* sowie im Hintergrund *Miscanthus sinensis* 'Kleine Fontäne', *Calamagrostis brachytricha* und *Molinia arundinacea* 'Karl Foerster' zum Einsatz. Fenchelblüten (*Foeniculum vulgare*) schweben locker zwischen den Etagen. Das leuchtende Rot stammt vom einjährigen Feuer-Salbei (*Salvia splendens*).

Mit ihren weißen und rosafarbenen Blüten zählen die Herbst-Alpenveilchen (*Cyclamen hederifolium*) zu den Publikumslieblingen im Spätsommer. Sie werden hier seit 25 Jahren kultiviert. Damit die Pracht erhalten bleibt, müssen Unkräuter beizeiten mit sprichwörtlichem Fingerspitzengefühl gezupft werden, ohne die jungen, noch zerbrechlichen Blütenstiele zu beschädigen. Die Unkrautbekämpfung findet also im Sommer in der Ruhephase statt, wenn noch keine Blüten und Blätter getrieben sind. Zur Blüte kommen die Pflanzen dann ab Ende August.

Das Vorfrühlings-Alpenveilchen (*Cyclamen coum*) setzt im Zusammenspiel
mit Elfen-Krokussen (*Crocus tommasinianus*) die ersten Blütenakzente schon im
Januar. Ein Besuch der Norddeutschen Gartenschau lohnt rund ums Jahr!

Nächste Seite: Eine blaue Sensation sind die Hortensien, die sich entlang des
Wegs im lichten Schatten wohlfühlen. Vorne im Bild: *Hydrangea serrata* f. *koreana*,
im Hintergrund stehen höhere *H. macrophylla* 'Bouquet Rose'. Damit sie die
intensive blaue Färbung annehmen, muss die Bodenreaktion sauer sein.
Am Standort hat der Boden lange Zeit ohne Zutun für die blaue Färbung gesorgt,
mittlerweile wird mit physiologisch sauer wirkenden Düngemitteln wie schwefel-
saurem Ammoniak nachgeholfen.

GÄRTEN DER IDEEN

Viele Themengärten lassen den Besuch der Norddeutschen Gartenschau kurzweilig werden. Jeder dieser Gartenbereiche nimmt sich eines Themas an, sei es ein Farbthema oder die klassische Gartenkunst eines Landes. So gelangt man in den „Chinesischen Garten", mit dem markanten Mondtor und Kiefern als Garten-Bonsais, auch Niwaki genannt. Man besucht den „Garten des Südens" im südeuropäischen Renaissance-Stil, den „Zauber der Toskana" mit Sitzplatz in einer Zypressenumgebung sowie den „Romantischen Rosengarten", in dem die Rosen mit geeigneten Pflanznachbarn umgeben sind. Küsten-Landschaften spiegeln sich im „Garten am Meer" wider, faszinierend mit Sedimentgestein gestaltet.

Insbesondere in den explizit als Farbgärten aufgeführten Gartenräumen widmet sich der Garten einzelnen Farbgebungen. So finden etwa im „Weißen Garten" nicht nur die Engländer die Weis(s)heit, sondern seit vielen Jahren auch die deutschen Gärtner. Die enorme Lebhaftigkeit von Rot mildert im „Roten Garten" grünes, dunkelrotes und bronzefarbenes Laub. Der „Garten der Purpurnen Impressionen" lockt Besucher mit dem Purpurbrunnen und mit Purpur-Duftkreisen.

Der „Küchengarten" begeistert mit den wichtigsten Nutzpflanzen der Welt: Getreide, Gemüse und Obst. Ursprünglich wurde der „Duft- und Tastgarten" als reiner Blindengarten von drei Studierenden der Hochschule Osnabrück entworfen und gebaut. Er ist nun eine Aufforderung, alle Sinne zu schärfen. Der „NDR-Fernsehgarten" bietet Besuchern auch außerhalb der Drehtage Inspirationen zur Gestaltung des eigenen Hausgartens.

Viele weitere, kleinere Gartenbereiche, wie das spannende Rätselkabinett und das Moorbiotop mit seltenen, moortypischen Pflanzen, laden zum Erkunden ein.

Im länglichen, geometrisch angelegten Garten des Südens sprudeln kleine Fontänen im Wasserbecken. Eine überschwängliche Bepflanzung nimmt der Gestaltung ihre Strenge. Lampenputzergras (*Pennisetum setaeum*), Prachtkerze (*Gaura lindheimeri*) und Einjährige wallen über die Beckenränder und Wegekanten.

Der italienische Pavillon hat scheinbar Mühe, sich aus dem Blütenmeer der zahlreichen Kübelpflanzen zu recken. Mandevillen (*Dipladenia*), Blaue Prunkwinde (*Ipomoea tricolor*), Prinzessinnenblume (*Tibouchina urvilleana*) und Schwarzäugige Susanne (*Thunbergia alata*) wetteifern hier um die Gunst der Blicke.

Der Trompetenwein (*Podranea ricasoliana*) ist eine wenig bekannte, aber sehr dekorative Kletterpflanze, die hier die Säulen umgarnt. Im Kübel gehalten lässt sie sich an hellem Standort frostfrei überwintern.

Im Park verteilt erfreuen zahlreiche Gedichte die Besucher. Pate für die Pflanzung des Olivenbaums mit Klatsch-Mohn im Zauber der Toskana sind die Verse von Ingeborg Bachmann:

Unter den Olivenbäumen
schüttet Licht die Samen aus,
Mohn erscheint und flackert wieder,
fängt das Öl und brennt es nieder,
und das Licht geht nie mehr aus.

Wer an die Toskana denkt, hat sehr wahrscheinlich eine weite Landschaft mit Zypressen vor Augen. Man muss nicht so weit fahren, denn diese gibt es im Kleinformat auch in der Norddeutschen Gartenschau, im Zauber der Toskana. Ein gemütliches Rondell bietet alles, was das Toskanaherz begehrt. Hier wurden aber keine echten Zypressen (*Cupressus*) gepflanzt, die nicht winterhart sind, sondern Ersatzgehölze wie der säulenförmige Wacholder *Juniperus chinensis* 'Spartan'.

Das Chinesische Mondtor ist nicht nur ein optisches Highlight. Vielmehr steht es für Chinesen als Durchgang in eine andere Welt. Dies kann ein anderer Stadtteil sein oder auch der Zugang in einen Garten. Bambus und Niwaki – ein Wolkenbaum – stehen hier Spalier.

Symbolisierte Berge und Flüsse aus Findlingen und Kieselsteinen sind typische Elemente fernöstlicher Gärten. Hans-Dieter Warda hat diese Formationen detailliert und punktgenau errichten lassen.

In einer Großaktion hat Hans-Dieter Warda zwei besonders malerisch gewachsene Kiefern (*Pinus sylvestris*) von einer norddeutschen Pferdeweide kurz vor dem Fällen gerettet, umgepflanzt, in langwieriger und mühevoller Arbeit in der Norddeutschen Gartenschau etabliert und in Form geschnitten. Mittlerweile haben sie ein Alter von etwa 100 Jahren.

Swantje Warda zeichnete die oben abgebildete Kiefer am Standort auf der Weide einen Tag vor dem Herausnehmen (Bleistift, 2004).

In der Mitte erhebt sich am Rank-
gerüst eine *Clematis* 'Paul Farges'
über der großen Vase. Lampenputzergras (*Pennisetum villosum*)
und Knorpelmöhre (*Ammi visnaga*)
bringen Leichtigkeit in die Szene-
rie, während das Löwenmäulchen
(*Antirrhinum majus* 'Rocket Weiß')
für Struktur sorgt.

Der Weiße Garten ist kreisrund
angelegt und wird von einer
hohen Eibenschnitthecke eingefasst. Er ist edel und klar in seiner Wirkung. Im Sommer dienen
sechs hohe Argentinische Nacht-
schatten (*Solanum bonariense*) der
Gliederung und vertikalen Beto-
nung des Weißen Gartens.

Bei abendlichem Lichteinfall kommen die weißen Töne vor dem dunklen Hintergrund der Hecke besonders stark zur Geltung. Für das klare Weiß sorgen hier Fleißiges Lieschen (*Impatiens walleriana* 'Accent Reinweiß'), Löwenmäulchen (*Antirrhinum majus* 'Rocket Weiß'), Salbeisorten (*Salvia coccinea* 'Snow Nymph' und *S. farinacea* 'Silver'), Zauberschnee (*Euphorbia hypericifolia* 'Diamond Frost', Syn. *Chamaesyce*), Knorpelmöhre (*Ammi visnaga*), weiße Zinnie (*Zinnia* Lil iput-Serie), Duftsteinrich (*Lobularia maritima*), Lampenputzergras (*Pennisetum villosum*) und im Hintergrund weiße Schönmalven (*Abutilon*-Hybriden).

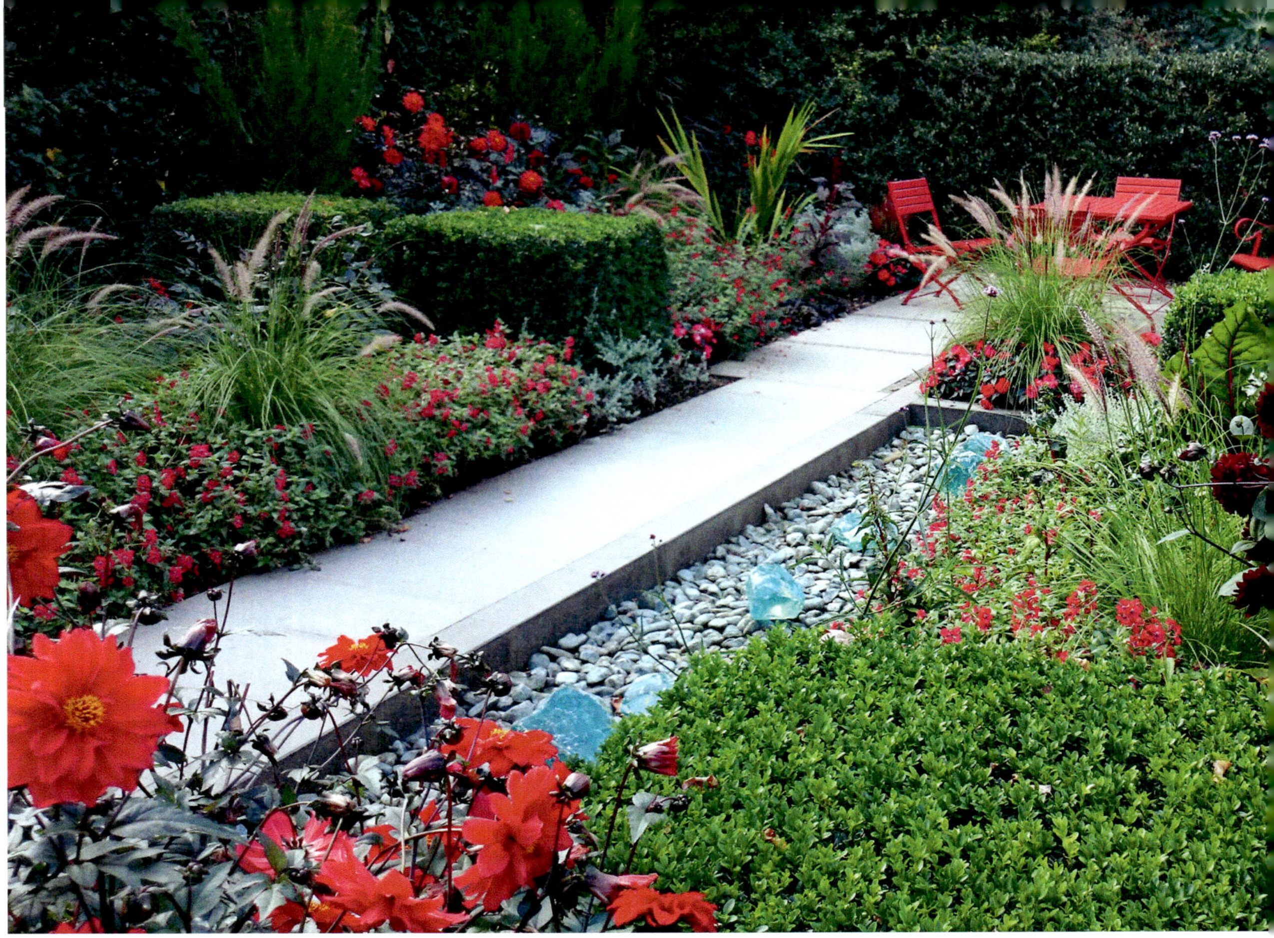

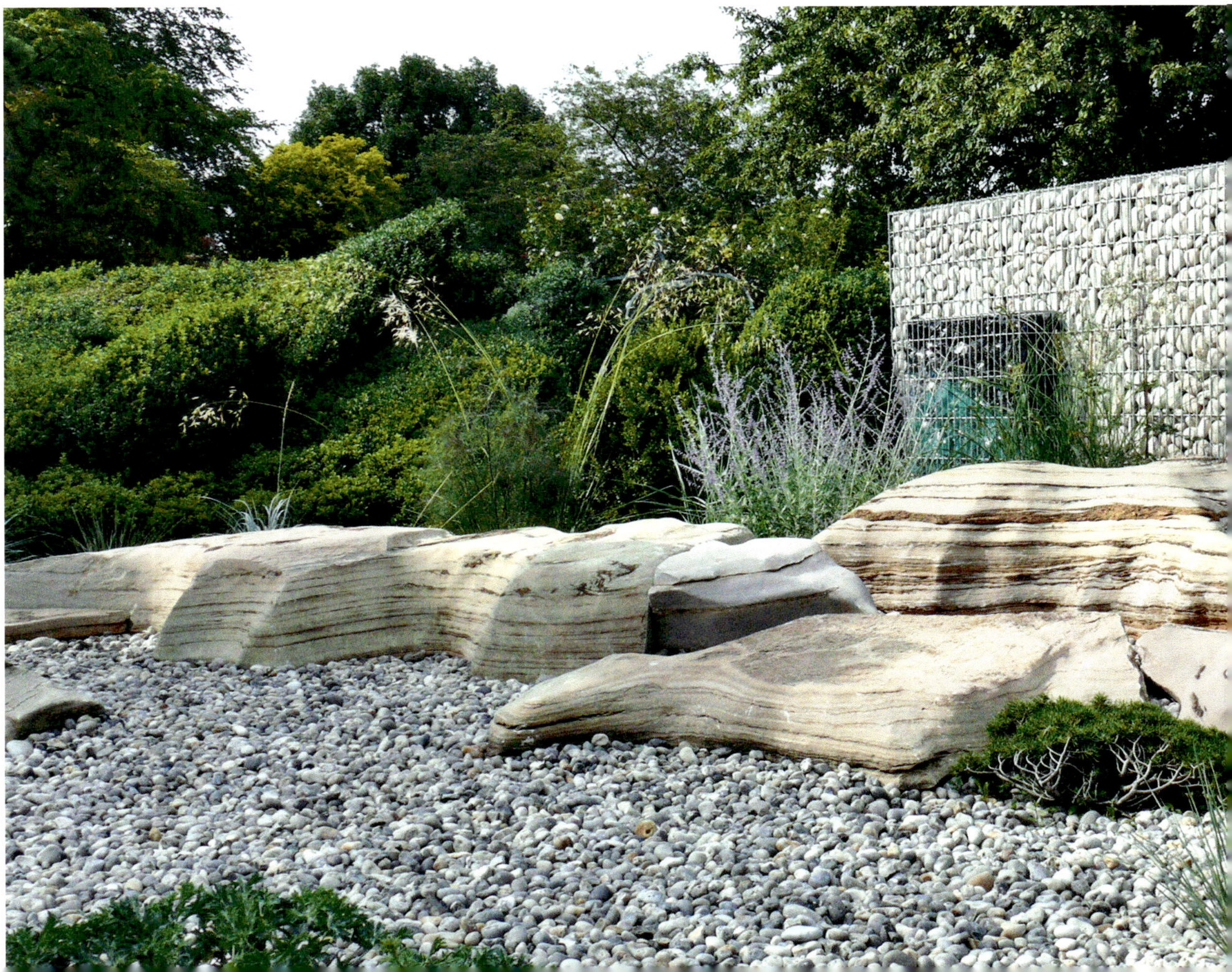

Im Roten Garten gilt es, behutsam mit der Farbe umzugehen. Zu viel Rot strengt das Auge an und ermüdet es leicht. Daher lieber etwas weniger einsetzen und wie hier mit dunklem Laub und viel Grün als Komplementärfarbe ergänzen. Ein schmales Band aus grünlichem Geröll mit blaugrünen Glasbrocken soll einen Wasserlauf andeuten und zusammen mit dem schlanken Mittelweg dem Garten Tiefe verleihen.

Wunderschön gestreiftes und rundgeschliffenes Sedimentgestein steht im Kontrast zu modernen Gabionen – Drahtgitterkörbe, hier gefüllt mit Kieseln und blauen und blaugrünen Glasbrocken. Der Garten am Meer ist sparsam bepflanzt mit blaublütigen Edeldisteln (*Eryngium bourgattii* und *E. planum* 'Blauer Zwerg'), der Blauraute (*Perovskia atriplicifolia* 'Blue Spire') und Gräsern wie Blaustrahlhafer (*Helictotrichon sempervirens*). Daneben findet sich die kleinste in Kultur befindliche Zwerg-Kiefer (*Pinus uncinata* 'Paradekissen').

Nächste Seite: Die Farbe Blau wird hier in den Gesteinsplatten aus Azul do Macaubas in Szene gesetzt. Der aus Brasilien stammende Quarzit (1,5 Milliarden Jahre alt) ist sehr hart, feinkörnig und wetterfest. Den Garten der Seele hat Hans-Dieter Warda seiner Frau Swantje (1941–2012) gewidmet. Die Stimmung von Joseph von Eichendorffs Gedicht „Mondnacht" nachzuempfinden – insbesondere den letzten Vers – ist Hans-Dieter Wardas tiefe Intention:

*Und meine Seele spannte
weit ihre Flügel aus,
flog durch die stillen Lande,
als flöge sie nach Haus.*

Lange vor dem Öffnen der ersten Rosenblüte stehen die Zier-kirschen in voller Pracht. Die hellrosa Tokio-Kirsche (*Prunus × yedoensis*) ist eine der frühblühenden Arten.

Rosen lassen sich mit geeigneten Stauden und Sommerblumen noch besser in Szene setzen als in den Rosengärten, in denen ausschließlich Rosen zu finden sind. Ein weiterer Vorteil liegt darin, dass die Beete auch außerhalb der Hauptblüte der Rosen schmückende Pflanzen enthalten. Das wird im Romantischen Rosengarten der Norddeutschen Gartenschau anschaulich illust-riert. Hier finden sich etwa Katzenminze, Rittersporn und Gräser als Begleiter der Rosen.

Der Romantische Rosengarten basiert auf einer Diplomarbeit einer Studentin
der Hochschule Osnabrück. In seinem Zentrum steht ein Brunnen, der von der
Baumschule Eike Bunk gesponsert wurde. Er dient als belebendes Element und ist
neben dem blauen Pavillon mit Statue der zweite Hingucker dieses Gartenteils.
Auch zur Nachblüte der Rosen im September lohnt es sich, durch den Rosengarten
zu flanieren.

Im Blick über den Küchengarten wird seine Gemüsevielfalt deutlich. Reihenweise stehen hier Rote Bete, Knollen-Sellerie, Salate, Mangold, Rotkohl, Porree und vieles mehr nebeneinander. Farbkleckse sind im Spätsommer Dahlien, Schmuckkörbchen und der zu einem ländlichen Garten gehörende Fuchsschwanz (*Amaranthus*).

Über Reihen üppig wachsenden Gemüses fällt der Blick auf die wichtigsten Getreidearten: Roggen, Dinkel, Weizen, Hafer und Gerste. Die alten Arten und Sorten lassen sich hier lehrreich und zugleich anschaulich nebeneinander begutachten.

Die farbenfrohe Blütenwiese aus Kapuzinerkresse (*Tropaeolum*), Lichtnelke (*Silene*), Natternkopf (*Echium*), Vergissmeinnicht (*Myosotis*), Garten-Feldrittersporn (*Consolida ajacis*, Syn. *Delphinium*), Ringelblume (*Calendula*) und Borretsch (*Borago*) ist mit ihrem kunterbunten Durcheinander ein wahrer Gute-Laune-Macher im Küchengarten.

SCHULBIOLOGISCHE ABTEILUNGEN

Der Weitergabe von Wissen aus Garten und Natur fühlt sich nicht nur der emeritierte Prof. Warda verpflichtet, sondern auch der Förderkreis Arboretum Baumpark Ellerhoop-Thiensen e. V. Zahlreiche Führungen bringen den Besuchern die gezeigten Pflanzen und Lebensräume näher und vermitteln einen Überblick über die Entwicklungsgeschichte der Bäume, beginnend vor 300 Millionen Jahren. Auf dem „Geologischen Erlebnispfad" werden die typischen Gesteine der jeweiligen Erdzeitalter den Pflanzen ihrer Zeit gegenübergestellt.

Ein Hingucker ist das lebensgroße Modell eines über 20 Meter langen Apatosauriers, das in einem Urwald der Zeit zwischen Trias und Jura inmitten von Schachtelhalmen, Palmfarnen und Ginkgo platziert ist. Was nötig ist, damit ein Bernstein entsteht, und wie Tiere und Pflanzen darin eingeschlossen werden, erfährt man im „Bernsteingarten".

Die Abteilung „Entwicklungsgeschichte der Bäume" mündet in dem Highlight der neuen „Baum-Erlebniswelt" – der originalgetreuen, weltweit einmaligen Nachbildung des größten, noch lebenden Baumes der Erde, des „General Sherman Tree". Der 2 300 Jahre alte, in Kalifornien beheimate Berg-Mammutbaum

(*Sequoiadendron giganteum*) hat einen Stammumfang von 34 Metern. In seiner hohlen Mitte gewinnt „General Sherman Junior", ein mit 45 Jahren relativ junger Berg-Mammutbaum, schnell an Größe. Die ältesten Lebewesen der Welt sind Langlebige Kiefern (*Pinus longaeva*), die man in einer Pflanzung gleich nebenan auf angedeuteten „White Mountains", der Heimat dieser Pflanzen, bestaunen kann.

Das Herz der Baum-Erlebniswelt – gleichermaßen inhaltlich und optisch – ist zweifellos der Berg-Mammutbaum (*Sequoiadendron giganteum*), besser gesagt, die originalgetreue Nachbildung des unteren Stammstückes des General Sherman Tree. Im Inneren wächst General Sherman Junior, ein etwa 45-jähriger Berg-Mammutbaum, heran.

Pädagogisch aufbereitete und technisch aufwendige Leuchtdisplays und LED-Lauflichtketten bieten
einen Schatz an Wissen, rund um den Aufbau und
die Funktionsweise von Bäumen.

Diese Basaltsäulen sind vulkanischen Ursprungs.
Das Gestein zählt zu den am weitesten verbreite-
ten Gesteinsarten weltweit. In der Norddeutschen
Gartenschau werden in der Abteilung „Entwicklungsgeschichte der Bäume" stets die Gesteine der
erdgeschichtlichen Zeitalter den jeweiligen Pflan-
zenwelten gegenübergestellt.

Einzigartig sind die verkieselten Stammstücke von Sumpfzypressen (*Taxodium* spec.) mit einem unfassbaren Alter von circa 27 bis 30 Millionen Jahren. Sie stammen aus der Braunkohlezeit. Das Geschenk der Lausitzer und Mitteldeutschen Bergbau-Verwaltungsgesellschaft (LMBV) wird sorgsam unter einer Plexiglaskuppel verwahrt. Dahinter sieht man im winterlichen Eiswasser stehend die vor 30 Jahren gerade einmal daumendick gepflanzten Sumpfzypressen des Braunkohlen-Wasserwalds.

Nächste Seite: Das naturgetreue Abbild eines Apatosaurus ist im Jura-Schachtelhalm-Farnwald der Schulbiologischen Abteilungen beheimatet. Riesen-Schachtelhalm (*Equisetum hyemale* var. *robustum*), Palmfarne (*Cycas*) und die wundervoll gelb leuchtenden Herbstblätter des Fächerblattbaums (*Ginkgo biloba*) bieten ihm die passende Kulisse.

Im Bernsteingarten findet sich unter anderem unter einer bernsteinfarbenen Kuppel die Darstellung des opulenten, aber leider verschollenen, sagenumwobenen Bernsteinzimmers. Ob das Original jemals wiedergefunden wird, ist mehr als fraglich. Hier kann man zumindest im passenden Rahmen nachempfinden, welche Wirkung dieses Kunstwerk ausgeübt hat. Bitte eintreten in den Riesen-Bernstein!

Im Bernstein finden sich zahlreiche Einschlüsse von Tieren und Pflanzen, sogenannte Inklusen. In einem Schaukasten im Bernsteingarten der Norddeutschen Gartenschau sind unter anderem diese Libelle und der Skorpion zu sehen – man könnte meinen, in hervorragendem Zustand. Tatsächlich hat der damalige Obergärtner Klaus Gravert diese perfekt in Kunstharz eingegossen. Mithilfe solch spektakulärer Eindrücke wird den Besuchern und vor allem Kindern die Entstehung von Bernstein erklärt und der Besucher erfährt Aufschlussreiches über die Bernsteinwälder, die vor 50 Millionen Jahren im nordöstlichen Ostseeraum existierten.

WIESENLANDSCHAFTEN

Auch nach 25 Jahren beeindruckt die Narzissenwiese im Arboretum im April mit ihren 600 000 weißblühenden Dichter-Narzissen (*Narcissus poeticus* 'Actaea'). Man kann den Blick über die Fläche schweifen lassen und bleibt entweder am Münsterhof oder am blauen Pavillon des Romantischen Rosengartens hängen. Später im Frühsommer kommen hier Mohnblumen zum Zug. Dem Ideenreichtum und Tatendrang des Leiters des Arboretum Ellerhoop fallen zwar gelegentlich ein paar Quadratmeter der Wiese dank neuer begeisternder Projekte wie den Frauenschuh-Orchideen zum Opfer, aber ihre Größe und Weite sorgt nach wie vor für den optischen Ausgleich zur intensiv gestalteten Gartenlandschaft ringsherum.

Auf einer unmittelbar an das Gelände der Norddeutschen Gartenschau angrenzenden, 8,5 Hektar großen Fläche entstand 2015 der „Wiesenpark", der ganz neue gestalterische Möglichkeiten bietet. Hier dominiert das Gefühl der Weite. Landschaft und Naturraum werden mit hohem Aufwand gekonnt in den gestalteten Parkraum einbezogen. Auf gemähten Wegen kann man durch ökologisch wertvolle Wiesen mit feuchtem und trockenem Charakter lustwandeln. Es gedeihen Kuckucks-Lichtnelken, Schachbrettblumen, Storchschnabel-Arten, Mohn- und Kornblumen. Wieder ist Hans-Dieter Wardas Lieblingsfarbe Blau prägend: Im Oktober 2018 wurden 20 000 Wiesen-Iris (*Iris sibirica*) in ihrer Wildform gepflanzt.

Aufwendige Steinsetzungen, durchgeführt vom Gärtnerteam der Norddeutschen Gartenschau, dekorative Brücken und Sitzplätze runden das Naturerlebnis für die Besucher hier ab.

Das Blau des Himmels spiegelt sich im Brückengeländer, den Stühlen und der Fassade der Veranstaltungshalle, einer ehemaligen Reithalle, wider. Hier zeigt sich erneut Hans-Dieter Wardas Hang zu seiner Lieblingsfarbe Blau. Auf Rasenwegen kann man den Wiesenpark erkunden, wo man unter anderem auf eindrucksvolle Steinsetzungen aus Ibbenbürener Sandstein in Form von Steinkreisen trifft.

Atemberaubend: Über 600 000 Dichter-Narzissen (*Narcissus poeticus* 'Actaea')
recken Jahr für Jahr ihre weißen Blüten in die Höhe. Dafür lohnt auch der Verzicht, über viele Wochen die Wiese nicht betreten zu dürfen. Der im englischen
Wade Blue gestrichene Pavillon des Romantischen Rosengartens im Hintergrund hilft dem Auge des Betrachters Halt zu finden.

Ob gelbe Narzissen optisch die richtige Begleitung für rosa Magnolienblüten sind, ist Geschmackssache. Das Auge lechzt im April jedenfalls nach Farbe. Die alten und bewährten Trompeten-Narzissen 'Dutch Master' und 'Golden Harvest' stammen noch aus Hans-Dieter Wardas Anfangszeit der Gartengestaltung im Arboretum Ellerhoop (1985) und waren ein Geschenk.

Orientalischer Mohn (*Pc paver orientale*), hier in einem Sämlingsgemisch, ist im Unterschied zum einjährigen Klatsch-Mohn (*P. rhoeas*) auf der Wiesen eine mehrjährige Staude. Dennoch lässt er sich w esenhaft in Szene setzen.

Im lichten Schatten zweier Birken (*Betula utilis* 'Doorenbos' und *B. x koehnei*) hat Hans-Dieter Warda 2016 den Orchideengarten angelegt. *Cypripedium macranthos*, *C. reginae* und die Hybriden 'Sarah Louise' und 'Ulla Silkens' erfreuen nicht nur Orchideen-liebhaber, sondern wirken auch, als wären sie dort ganz natür-lich gewachsen. Ihre Ansiedlung war allerdings sehr aufwendig: Nach dem Bodenaushub von 60 Zentimetern wurde eine Drai-nageschicht eingebracht und letztlich ein lockeres Spezialsubst-rat für Erdorchideen eingebaut.

In wenigen geeigneten feuchten Wiesen Norddeutschlands ist die elegante Schach-
brettblume (*Fritillaria meleagris*) zu Hause. Sie wurde hier im Wiesenpark auf einer
feuchten bis nassen, lehmigen und nährstoffreichen Fläche erfolgreich angesiedelt.
Ende April – bevor pompösere Wiesenblumen erblühen – lassen sich ihre zauberhaft
gemusterten Blüten bewundern.

Claude Monet hätte seine Freude an der Motiven gehabt, die sich im neuen
Wiesenpark auftun. Das Bild wäre vielleicht unter dem Namen „Frau mit Hut im
Mohnfeld" berühmt geworden.

Die seltene Wiesen-Iris (*Iris sibirica*) wird stark von Insekten beflogen, wie dem auffällig gefärbten Blutströpfchen, einem tagaktiven Nachtfalter.

Nicht nur Lebensraum für Insekten, sondern auch für Vögel, wie bodenbrütende Kiebitze und Rebhühner, soll der Wiesenpark sein. Dazu kommt die Anlage eines Eidechsenrefugiums aus Steinen, Totholz und freien Sandflächen für Zauneidechsen.

Auch der Wiesen-Storchschnabel (*Geranium pratense*) fand mit 2 000 Jungpflanzen im Wiesenpark eine neue Heimat. Er macht deutlich, dass ein hoher ökologischer Wert das Ziel des Wiesenparks ist, denn diese Art blüht sehr lange und dient als besonders wichtige Insektennährpflanze.

Nächste Seite: Ein Blütenmeer aus Kornblumen, Wiesen-Margeriten und Klatsch-Mohn, Echter Kamille und Kornrade lädt zum Schlendern im Feldblumenareal des Wiesenparks ein – oder zum entspannten Zurücklehnen.

BESUCHERINFORMATION

Adresse
Förderkreis Arboretum Baumpark
Ellerhoop-Thiensen e. V.
Thiensen 4
25373 Ellerhoop
Deutschland

www.norddeutsche-gartenschau.de
E-Mail: info@norddeutsche-gartenschau.de
Tel.: (+49) 4120 218
Fax.: (+49) 4120 909 981

Öffnungszeiten
Sommer 10–19 Uhr
Winter 10–17 Uhr
Letzter Einlass ist jeweils eine Stunde vor
Schließung.

Eintritt
Der Eintritt beträgt 9,00 €, ermäßigt 7,50 €
(Ermäßigung für Gruppen sowie Schüler,
Studenten, Auszubildende, Schwerbehinderte
und Hartz-IV-Empfänger), Kinder bis 16 Jahre
frei. Dauerkarten kosten 50,00 €.

Gastronomie
Das Dielen-Café im Münsterhof ist in der
Sommersaison täglich von 11–18 Uhr geöffnet.

Pflanzenverkauf
Gärtnerei am Arboretum, Inh. Heiko Müller
www.gaertnerei-am-arboretum.de
Tel.: (+49) 4101 782392
Viele der im Arboretum Ellerhoop gezeigten
Pflanzen, auch Raritäten, kann man vor Ort in
der Gärtnerei erwerben.

Führungen
Führungen ab 12 Personen sind mit
Voranmeldung möglich.
Es gibt Gehhilfen, Reservierung eines
Rollators, Rollstuhls oder E-Scooters
im Büro.

Hunde
Hunde dürfen an kurzer Leine mit in den Park
genommen werden.

„Blau ist die Farbe aller Farben. Sie ist das Beste, was
es auf der Welt gibt." Das von Picasso stammende
Zitat hat sich auch Hans-Dieter Warda zu eigen
gemacht. Und mit einer besonderen blauen Kost-
barkeit, dem Blauen Himalaya-Scheinmohn oder
Tibetmohn (*Meconopsis* x *sheldonii*), hat er die per-
fekte Pflanze für diese Leidenschaft gefunden.

DER AUTOR

Nach seiner Gärtnerausbildung in Hamburg und dem Studium der Landschaftsarchitektur in Osnabrück entschied sich Martin Staffler für den Journalismus. Zunächst Volontär und anschließend Bildredakteur der Zeitschrift „Mein schöner Garten" (Hubert Burda Media, Offenburg), ist er seit 2008 selbständiger Gartenfotograf und Autor mehrerer Gartenbücher. Seit 2015 arbeitet er als Redakteur der Zeitschrift „Gartenpraxis" (Verlag Eugen Ulmer, Stuttgart).

DANKSAGUNG

Ich danke Herrn Prof. Hans-Dieter Warda und seinem Team für die große Unterstützung bei der Umsetzung dieses Buches. Dr. Susanne Warda danke ich für ihre im Vorfeld erbrachte Recherchearbeit, auf die ich aufbauen konnte, sowie Richard Bischoff für seine organisatorische Mitarbeit.

BILDQUELLEN

Seite 10/11: Kasten/Prieß/Warda u. a., bearbeitet durch Helmuth Flubacher, Waiblingen
Seite 21, 27, 54 o., 64 o., 64 u., 70 o., 71, 76 u.: Martin Staffler
Landkarte Buchrückseite: pixabay.com
Seite 6 r., 6 l., 42, 76 o., 77: Richard Bischoff
Seite 16, 63 u. (Zeichnung): Swantje Warda
S. 5: Timm & Co.
Seite 38, 50/51: Waltraud Kluczynski
Alle übrigen Fotos stammen von Hans-Dieter Warda.

Titelfoto: Hans-Dieter Warda

Bibliografische Information der Deutschen Nationalbibliothek
Die Deutsche Nationalbibliothek verzeichnet diese Publikation in der Deutschen Nationalbibliografie; detaillierte bibliografische Daten sind im Internet über http://dnb.d-nb.de abrufbar.

© 2019 Eugen Ulmer KG
Wollgrasweg 41, 70599 Stuttgart (Hohenheim)
E-Mail: info@ulmer.de
Internet: www.ulmer.de
Lektorat: Bettina Brinkmann, Alessandra Kreibaum
Herstellung: Gabriele Wieczorek
Umschlag-Gestaltung und Satz: Atelier Reichert, Stuttgart
Reproduktion: timeRay Visualisierungen, Jettingen
Druck und Bindung: Firmengruppe APPL,
aprinta druck, Wemding
Printed in Germany

ISBN 978-3-8186-0812-5